AF369635

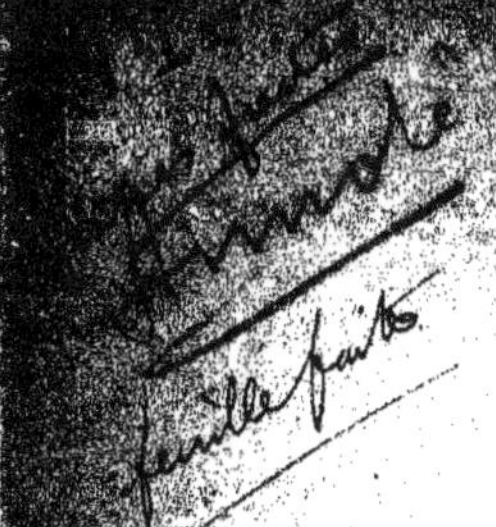

CATALOGUE

D'UNE MAGNIFIQUE COLLECTION

D'EAUX-FORTES

Des meilleurs Artistes contemporains

En Épreuves de remarque et d'artiste

Sur parchemin et sur Japon

EXPOSITION PUBLIQUE

Le Lundi 18 Mars 1895, de 2 heures 1/2 à 5 heures

Vente le 19 Mars 1895

IMPRIMERIE MAULDE et RENOU

—

A. MAULDE & Cie

IMPRIMEURS DE LA COMPAGNIE DES COMMISSAIRES-PRISEURS

Rue de Rivoli, 144. — Paris

CATALOGUE

D'UNE MAGNIFIQUE COLLECTION

D'EAUX-FORTES

PAR

**Boilvin, Bracquemond, Champollion, Chauvel
Courtry, Damman, Desmoulins
Flameng, L. Gautier, Kœpping, Kratké, Laguillermie, Lalauze
Mathey, Milius, Oudart, Waltner, etc.**

D'APRÈS LES TABLEAUX DE

**J. Breton, Corot, Daubigny
Detaille, Hébert, Lerolle, Meissonier, J.-F. Millet, Munkacsy
Roybet, Ziem, etc.**

ÉPREUVES DE REMARQUE ET D'ARTISTE

Sur parchemin et sur Japon

GRAVURES ENCADRÉES

DONT LA VENTE AURA LIEU

HOTEL DES COMMISSAIRES-PRISEURS

RUE DROUOT, N° 9, SALLE N° 9

Le Mardi 19 Mars 1895

A DEUX HEURES PRÉCISES

Par le ministère de **Me Maurice DELESTRE**, Commissaire-Priseur.
rue Drouot, 27

Assisté de **M. L. DUMONT**, Expert, Marchand d'Estampes
rue Laffitte, 27.

EXPOSITION PUBLIQUE

Le Lundi 18 Mars 1895, de 2 heures 1/2 à 5 heures

PARIS — 1895

CONDITIONS DE LA VENTE

———

Elle sera faite au comptant.

Les Acquéreurs paieront CINQ POUR CENT en sus des enchères, applicables aux frais.

L'ordre du catalogue sera suivi.

MM. les Amateurs pourront visiter la Collection chez M. DUMONT, 27, rue Laffitte, pendant les huit jours précédant la vente, de une heure à six heures du soir.

M. DUMONT se charge des commissions des personnes qui ne pourraient assister à la vente.

A. MAULDE et Cie, Imprimeurs de la Compagnie des Commissaires-Priseurs, rue de Rivoli, 144   600—48859

DÉSIGNATION

BILLY (Ch. de)

1 — La Faneuse, d'après **E. Adan**.

    Très belle épreuve d'artiste avec remarque sur parchemin. Signée du peintre et du graveur. *25*

BOILVIN

2 — La Bibliothèque mazarine, d'après **Fortuny**.

    Très belle épreuve sur Japon. *10*

3 — Les Généraux dans la neige, d'après **Meissonier**.

    Très belle épreuve d'artiste sur parchemin. Signée. *151*

BRACQUEMOND

4 — Le Lapin. (Eau-forte originale.)

    Très belle épreuve d'artiste avec remarque sur parchemin. Signée. *30*

5 — Printemps, d'après **J.-F. Millet**.

    Très belle épreuve d'artiste avec remarque sur parchemin. Signée. *20*

6 — Automne, d'après **J.-F. Millet**.

    Très belle épreuve d'artiste avec remarque sur parchemin. Signée. *20*

7 — Le Nouveau-né, d'après **J.-F. Millet**.

    Très belle épreuve d'artiste sur parchemin. Signée. *20*

BRACQUEMOND

8 — Jeune Bergère, d'après **J.-F. Millet.**

Très belle épreuve d'artiste avec remarque sur parchemin. Signée.

9 — Les Puiseuses d'eau, d'après **J.-F. Millet.**

Très belle épreuve d'artiste sur parchemin. Signée.

10 — Labor, d'après **J.-F. Millet.**

Très belle épreuve d'artiste sur parchemin. Signée.

11 — David, d'après **Gustave Moreau.**

Très belle épreuve d'artiste avec remarque sur parchemin. Signée du peintre et du graveur.

12 — La Rixe, d'après **Meissonier.**

Très belle épreuve d'artiste sur parchemin. Signée du peintre et du graveur.

13 — Boissy d'Anglas à la Convention, d'après **E .Dela-croix.**

Très belle épreuve d'artiste sur Japon avec les noms gravés à la pointe.

BRETON (D'après)

14 — La Fin de la journée, par **Kratké.**

Très belle épreuve d'artiste avec remarque sur parchemin. Signée du peintre et du graveur.

CHAIGNEAU (F.)

15 — Troupeau au pâturage. (Eau-forte originale.)

Très belle épreuve d'artiste avec remarque sur parchemin. Signée.

16 — Bergère et son troupeau. (Eau-forte originale.)

Très belle épreuve d'artiste avec remarque sur parchemin. Signée.

CHAMPOLLION

17 — Le Menuet, d'après **G. Jacquet.**

  Très belle épreuve d'artiste sur Japon. Signée.

CHAUVEL (Th.)

18 — L'Orage, d'après **Diaz.**

  Très belle épreuve d'artiste. Signée.

19 — Ville-d'Avray, d'après **Corot.**

  Très belle épreuve d'artiste sur Japon. Signée.

COROT (D'après)

20 — Le Lac, par **Desbrosses.**

  Très belle épreuve d'artiste avec remarque sur Japon. Signée.

21 — Le Bain de Diane, par **Kratké.**

  Très belle épreuve d'artiste sur parchemin. Signée.

22 — Le Lac, par **Kratké.**

  Très belle épreuve d'artiste avec remarque sur parchemin. Signée.

COURTRY (Ch.)

23 — Milton aveugle dictant le *Paradis perdu*, d'après **Munkacsy.**

  Très belle épreuve d'artiste sur Japon.

24 — Entre deux feux, d'après **Ximenès.**

  Très belle épreuve d'artiste avec remarque sur Japon. Signée du peintre et du graveur.

25 — Les Courses d'Epsom, d'après **Géricault.**

  Très belle épreuve d'artiste sur Japon. Signée.

DAUBIGNY (D'après)

26 — Bords de la rivière, à Neuville, par **Boulard**.
Très belle épreuve d'artiste sur parchemin. Signée.

DESMOULINS

27 — Portrait de Victor Hugo. (Eau-forte originale.)
Très belle épreuve d'artiste avec remarque sur Japon. Signée.

28 — Portrait de F. de Lesseps. (Eau-forte originale.)
Très belle épreuve d'artiste avec remarque sur Japon. Signée.

DETAILLE (D'après)

29 — Mon ancien Régiment, par **Boulard**.
Très belle épreuve d'artiste sur parchemin. Signée.

DIAZ (D'après)

30 — Sous Bois, par **Kratké**.
Très belle épreuve d'artiste avec remarque sur parchemin.
Signée.

DROUAIS (D'après)

31 — Les Enfants du Comte d'Artois, par **de Billy**.
Très belle épreuve d'artiste sur Japon.

DUPRÉ D'après Julien)

32 — Dans la Prairie, par **Oudart**.
Très belle épreuve d'artiste avec remarque sur parchemin.
Signée.

FLAMENG

33 — Retour des Champs, d'après **J. Breton**.
Très belle épreuve d'artiste avec remarque sur Japon.

FRANÇAIS (D'après)

34 — Idylle, par **Brunet Debaines.**
Très belle épreuve d'artiste sur Chine.

GAUTIER (L.)

35 — Le Rialto. (Eau-forte originale.)
Très belle épreuve d'artiste avec remarque sur Japon.

36 — Le Forum. (Eau-forte originale.)
Très belle épreuve d'artiste avec remarque sur Japon. Signée.

GILBERT

37 — La Sortie, d'après **Ch. Jacque.**
Très belle épreuve d'artiste avec remarque. Signée.

HAMILTON (D'après)

38 — A l'Arrière, par **Murray.**
Très belle épreuve d'artiste avec remarque sur Japon. Signée
du peintre et du graveur.

JASINSKI

39 — William Warham, d'après **Holbein.**
Très belle épreuve d'artiste sur Japon. Signée.

KŒPPING

40 — Froufrou, d'après **G. Clairin.**
Très belle épreuve d'artiste sur Japon. Signée du peintre et du
graveur.

41 — Le Mont de Piété, d'après **Munkacsy.**
Très belle épreuve d'artiste avec remarque sur Japon. Signée
du peintre et du graveur.

KŒPPING

42 — L'Atelier, d'après **Munkacsy**.

Très belle épreuve d'artiste avec remarque sur Japon. Signée.

43 — Le Christ au Calvaire, d'après **Munkacsy**.

Très belle épreuve d'artiste sur Japon. Signée.

KRATKÉ

44 — Retour de Chasse. (Eau-forte originale.)

Très belle épreuve d'artiste avec remarque sur parchemin. Signée.

LAGUILLERMIE

45 — La Vierge au baiser, d'après **Hébert**.

Très belle épreuve d'artiste avec remarque sur parchemin. Signée.

LALAUZE

46 — Histoire d'amour, d'après **Dicksee**.

Très belle épreuve d'artiste sur Japon avec dédicace.

LAUGÉE (D'après)

47 — La Récolte des œillettes, par **Kratké**.

Très belle épreuve d'artiste avec remarque sur parchemin. Signée.

LAURENS (D'après Jean-Paul)

48 — Scène de l'Inquisition, par **Corot**.

Très belle épreuve d'artiste sur Japon.

LE COUTEUX (L.)

49 — Pendant le Prêche. (Eau-forte originale.)

Très belle épreuve d'artiste sur parchemin. Signée.

LEFORT (H.)

50 — First grief, d'après **E. Tofano**.

Très belle épreuve d'artiste sur Japon. Signée.

LEROLLE (D'après)

51 — Le Printemps, par **Los Rios**.

Très belle épreuve d'artiste avec remarque sur Japon. Signée du peintre et du graveur.

52 — La Faneuse, par **Los Rios**.

Très belle épreuve d'artiste avec remarque sur parchemin. Signée du peintre et du graveur.

MARTIAL (A.)

53 — Les Cancalaises, d'après **Feyen-Perrin**.

Très belle épreuve d'artiste avec remarque sur Japon. Signée.

MATHEY (A.)

54 — Charles Ier, d'après **Van Dyck**.

Très belle épreuve d'artiste sur parchemin. Signée.

55 — Les Enfants de Charles Ier, d'après **Van Dyck**,

Très belle épreuve d'artiste sur parchemin. Signée.

56 — Rubens, d'après lui-même.

Très belle épreuve d'artiste avec remarque sur parchemin. Signée.

57 — Le Dernier jour d'un condamné, d'après **Munkacsy**.

Très belle épreuve d'artiste avec remarque sur parchemin. Signée du peintre et du graveur.

58 — Le Chien au Canard, d'après **Troyon**.

Très belle épreuve d'artiste avec remarque sur parchemin. Signée.

MATHEY (A.)

59 — Rodolphe II chez son alchimiste, d'après **Brozik**.

Très belle épreuve d'artiste sur Japon. Signée.

MEISSONIER (D'après)

60 — La Vedette, par **Le Rat**.

Très belle épreuve d'artiste sur Japon.

61 — Le Philosophe, par **Le Rat**.

Très belle épreuve d'artiste sur parchemin. Signée.

62 — La Lecture chez Diderot, par **Monziès**.

Très belle épreuve d'artiste sur parchemin. Signée du peintre
et du graveur.

63 — Gentilhomme Louis XIII, par **Monziès**.

Très belle épreuve d'artiste avec remarque sur parchemin.
Signée.

64 — La Confidence, par **Vion**.

Très belle épreuve d'artiste sur Japon. Signée.

65 — La Chanson, par **Vion**.

Très belle épreuve d'artiste avec remarque sur parchemin.
Signée.

MIGNON (A.)

66 — La Vierge et l'Enfant Jésus, d'après **Dagnan-Bou-
veret**.

Très belle épreuve d'artiste avec remarque sur Japon. Signée.

MILIUS

67 — Portrait de jeune Fille, d'après **Véronèse**.

Très belle épreuve d'artiste avec remarque sur parchemin.
Signée.

68 — Portrait de Mérignac. (Eau-forte originale.)

Très belle épreuve d'artiste sur Japon.

MILLET (D'après J.-F.)

69 — Les Glaneuses, par **Damman**,

Très belle épreuve d'artiste sur Japon. Signée.

70 — La Femme au rouet, par **Damman**.

Très belle épreuve d'artiste sur parchemin. Signée.

71 — La Femme au puits, par **Damman**.

Très belle épreuve d'artiste sur parchemin. Signée.

72 — Le Greffeur, par **Focillon**.

Très belle épreuve d'artiste avec remarque sur Japon. Signée avec dédicace.

73 — La Baratteuse, par **Kratké**.

Très belle épreuve d'artiste avec remarque sur parchemin.

74 — La Leçon de couture, par **Rodriguez**.

Très belle épreuve d'artiste avec remarque sur parchemin. Signée.

75 — La même Estampe.

Très belle épreuve d'artiste sur Japon. Signée.

76 — L'Angelus, par **Lesigne**.

Très belle épreuve d'artiste sur Japon. Signée.

ORCHARDSON (D'après)

77 — Heureuse Mère, par **Milius**.

Très belle épreuve d'artiste avec remarque sur Japon. Signée.

OUDART (F.)

78 — Moulin de Saint-Maurice.

Très belle épreuve d'artiste avec remarque sur Japon. Signée.

79 — Ruisseau à Auvers.

Très belle épreuve d'artiste avec remarque sur Japon. Signée.

ROYBET (D'après)

80 — Chanson à boire, par **Faivre**.

Très belle épreuve d'artiste. Signée.

81 — L'Embarras du choix, par **Milius**.

Très belle épreuve d'artiste avec remarque sur parchemin. Signée du peintre et du graveur.

STRANG (W.)

82 — Le Soir (Eau-forte originale.)

Très belle épreuve d'artiste sur Japon. Signée.

WALTNER (Ch.)

83 — L'Amour et Psyché, d'après **P. Baudry**.

Très belle épreuve d'artiste sur parchemin. Signée.

84 — Le Retour des Glaneuses, d'après **J. Breton**.

Très belle épreuve d'artiste sur parchemin.

85 — La Musique, d'après **Delaplanche**.

Très belle épreuve d'artiste sur Japon. Signée.

86 — Le Chasseur, d'après **Hermann, Léon**.

Très belle épreuve d'artiste sur Japon. Signée du peintre et du graveur.

87 — Le Christ devant Pilate, d'après **Munkacsy**.

Très belle épreuve d'artiste sur Japon. Signée.

88 — The Misses Baillie, d'après **Gainsborough**.

Très belle épreuve d'artiste avec remarque sur parchemin. Signée.

89 — Master Lambton, d'après **Lawrence**.

Très belle épreuve d'artiste sur Japon. Signée.

WALTNER (Ch.)

90 — Les Wayfarers, d'après **Millais**.

Très belle épreuve d'artiste. Signée.

91 — L'Angelus, d'après **Millet**.

Très belle épreuve d'artiste sur Japon. Signée.

92 — Salomé, d'après **H. Regnault**.

Très belle épreuve d'artiste avec remarque sur parchemin. Signée.

93 — Le Doreur, d'après **Rembrandt**.

Très belle épreuve d'artiste sur Japon. Signée.

WEBER (D'après)

94 — L'Orage, par **Martin**.

Très belle épreuve d'artiste avec remarque sur parchemin.

95 — Sortie du port, par **Martin**.

Très belle épreuve d'artiste avec remarque sur parchemin. Signée du peintre et du graveur.

ZIEM (D'après)

96 — Le Coup de canon, par **Martin**.

Très belle épreuve d'artiste avec remarque sur Japon. Signée.

GRAVURES ENCADRÉES

BRACQUEMOND

97 — La Rixe, d'après **Meissonier**.

> Très belle épreuve d'artiste sur parchemin. Signée du peintre et du graveur.

2 0 0 —

98 — David, d'après **Gustave Moreau**.

> Très belle épreuve d'artiste avec remarque sur parchemin. Signée du peintre et du graveur.

2 2 5.

BRETON (D'après J.)

99 — A la Fontaine, par **Milius**.

> Très belle épreuve d'artiste avec remarque sur Japon. Signée.

80.

DEMONT-BRETON (D'après)

100 — Les Loups de mer, par **Spinelli**.

> Très belle épreuve d'artiste avec remarque sur parchemin. Signée.

50.

FORTUNY (D'après)

101 — Arquebusier, par **Kratké**.

> Très belle épreuve d'artiste avec remarque sur parchemin. Signée.

10

GAUJEAN

102 — La Vierge, Saint Georges et Saint Donatien, d'après **Van Eyck**.

> Très belle épreuve d'artiste avec remarque sur Japon. Signée.

20

GAUTIER (L.)

103 — Le Château Saint-Ange.

    Très belle épreuve d'artiste avec remarque sur Japon. Signée.

104 — Abside de Notre-Dame.

    Très belle épreuve d'artiste avec remarque sur parchemin. Signée.

105 — Santa Maria della Salute, à Venise, d'après **Canaletti.**

    Très belle épreuve d'artiste avec remarque sur parchemin. Signée.

JACQUET (J.)

106 — Le Portrait du Sergent, d'après **Meissonier.**

    Très belle épreuve sur Japon.

MILIUS

107 — Vedette. d'après **Schreyer.**

    Très belle épreuve d'artiste avec remarque sur Japon. Signée.

SADOUX

108 — Château de Chantilly, façade.

    Très belle épreuve d'artiste avec remarque sur parchemin. Signée.

109 — Château de Chantilly, côté des jardins.

    Très belle épreuve d'artiste avec remarque sur parchemin. Signée.

VION

110 — La Chanson, d'après **Meissonier.**

    Très belle épreuve d'artiste avec remarque sur parchemin. Signée.

WALTNER (Ch.)

111 — Le Doreur, d'après **Rembrandt**.

Très belle épreuve d'artiste sur Japon. Signée.

112 — L'Etoile du Berger, d'après **J. Breton**.

Très belle épreuve d'artiste avec remarque sur parchemin. Signée du peintre et du graveur.

XIMENÈS (D'après)

113 — Jeunes gens à marier, par **Spinelli**.

Très belle épreuve d'artiste avec remarque sur parchemin. Signée.

———

114 — Sous ce numéro, les Gravures non cataloguées.

www.ingramcontent.com/pod-product-compliance
Lightning Source LLC
LaVergne TN
LVHW011005180726
843502LV00007B/2340